JN007542

くらす、はたらく、
経済のはなし

文・山田博文
絵・赤池佳江子

④ 経済のしくみと政府の財政

経済は、3つの歯車で動いている

　どの国の経済も、右の図のような3つの歯車によって動いています。個人の生活の集まりである「家計」、物やサービスをつくって販売する「企業」、税金を集めて配分する「政府」です。

　家計は、企業ではたらいて給料をもらい、物やサービスを消費することで経済を担い、企業は、生活に必要な物やサービスをつくって販売することで経済を担い、政府は、家計と企業から集めた税金を社会に配分する財政を通じて経済を担っています。

　この3つの歯車がそれぞれの役割をはたすことで、その国の経済が営まれています。とくに家計は、3つの歯車のなかで一番大きくて、たいせつな役割を担っている歯車です。

　3つの歯車の関係は、国や歴史の発展段階によって変わります。個人の生活が重視され、家計が大切にされる国（ヨーロッパの国々）もあれば、企業の利益が最優先される国（日本やアメリカなど）もあります。また、政府の経済政策が支配的な国（中国など）もあります。

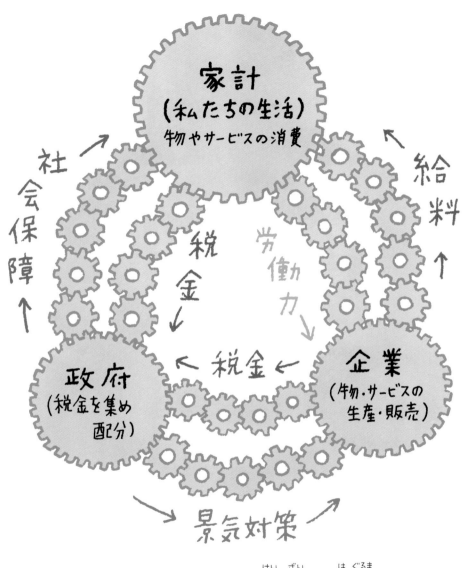

家計
(私たちの生活)
物やサービスの消費

社会保障

給料

税金

労働力

税金

政府
(税金を集め
配分)

税金

企業
(物・サービスの
生産・販売)

景気対策

ぐるぐるまわる経済の歯車

2 資本主義経済は、
どんなしくみ？

　3つの歯車で動いている各国の経済は、資本主義経済という大きなしくみで営まれています。資本主義経済とは、わたしたちの生活よりも企業の利益やお金もうけが優先される経済です。

　お金（資本）を持つ資本家（株主・経営者・投資家）は、右の図のように工場やオフィスをつくり、給料を払って労働者をはたらかせて、機械や設備を動かし、物やサービスを生産し、販売し、より大きな利益を求める経済を営んでいます。

　資本主義の社会は、お金（資本）を出して工場やオフィスをつくった資本家（人を雇って使う側）と、工場やオフィスではたらき給料をもらう労働者（企業に雇われて使われる側）との2つの階級に分かれます。

　労働者は人数ではだんぜん多数なのですが、資本家に雇われて使われる側なので、弱い立場に立っています。資本家は利益を多くしたいために、労働者を長時間はたらかせ、給料を少なめにする傾向があります。そうすると、生活が貧しくなる人々が増える一方で、資本家はお金をたくさん蓄え、社会に貧富の差が生まれます。

4

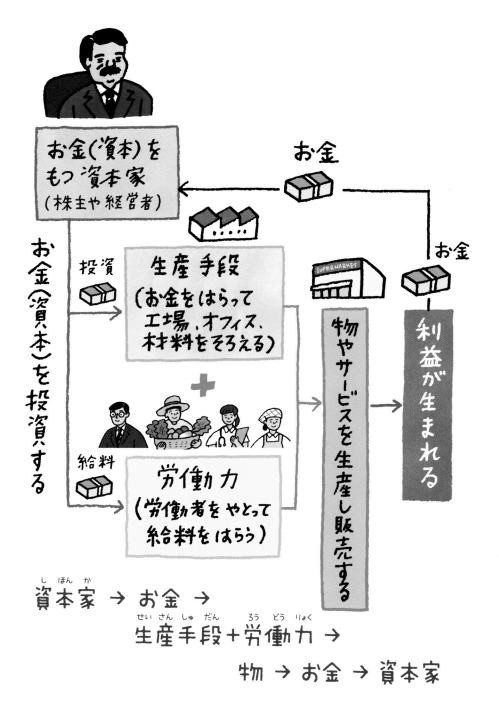

お金(資本)を
もつ資本家
(株主や経営者)

お金

投資

生産手段
(お金をはらって
工場、オフィス、
材料をそろえる)

＋

労働力
(労働者をやとって
給料をはらう)

給料

お金(資本)を投資する

物やサービスを生産し販売する

お金

利益が生まれる

資本家(しほんか) → お金 →

生産手段(せいさんしゅだん)＋労働力(ろうどうりょく) →

物 → お金 → 資本家

5

3 「GDP」ってよく聞くけど、なんのこと？

　経済用語でよく目にするGDP（Gross Domestic Product：国内総生産）とは、国内で一定期間内に新しく生産された物やサービスの合計額です。GDPは、その国の経済の大きさを示しています。

　経済成長とは、GDPが大きくなることです。去年のGDPと比べて、今年のGDPが5％大きくなったら、今年の経済成長率は5％となります。不況になって、今年のGDPが去年よりも5％減ってしまうと、今年の経済成長率はマイナス5％となります。

　GDPがどんどん大きくなり、高い経済成長を示す国は、前年よりもたくさんの物やサービスが生産され、たくさん消費される国です。そんな国は、まだ国内で生活に必要な物資が不足している新興経済国です。すでに経済成長を達成し、生活物資がゆきとどいた国では、GDPはあまり大きくならず、経済成長も低くなります。

　でも、経済成長よりもっと大切なことは、新しく生産された物やサービスが少数の個人や企業に独り占めされないで、公平にゆきわたり、みんなが豊かになる社会かどうかです。

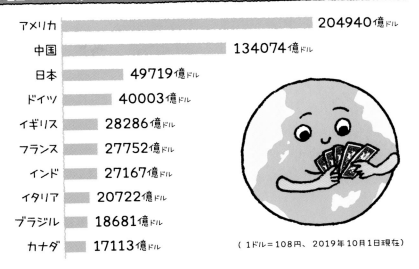

名目GDP 世界ランキング・トップ10 （2018年・IMF）

アメリカ	204940億ドル
中国	134074億ドル
日本	49719億ドル
ドイツ	40003億ドル
イギリス	28286億ドル
フランス	27752億ドル
インド	27167億ドル
イタリア	20722億ドル
ブラジル	18681億ドル
カナダ	17113億ドル

（ 1ドル＝108円、2019年10月1日現在）

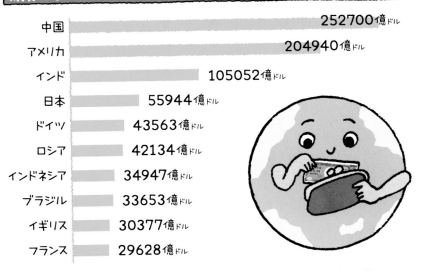

購買力平価GDP 世界ランキング・トップ10 （2018年・IMF）

中国	252700億ドル
アメリカ	204940億ドル
インド	105052億ドル
日本	55944億ドル
ドイツ	43563億ドル
ロシア	42134億ドル
インドネシア	34947億ドル
ブラジル	33653億ドル
イギリス	30377億ドル
フランス	29628億ドル

各国の物価のちがいを計算に入れた購買力平価は、各国の実際の経済規模を示します。たとえば、2018年の自動車の販売台数でみると、中国は約2800万台、アメリカは約1700万台で、中国の経済規模のほうが大きいことがあかります。

4 経済が成長しても、生活がよくなるとはかぎらない

　GDPが大きくなり、経済が成長しているのに、生活は楽にならず、苦しくなることがあります。なぜなら、経済の成長と生活の向上とは、まったく別のことだからです。

　新しく生産される物やサービスがどんどん大きくなっても、それが国民全体や企業全体に公平に配分されずに、少数の人々や大企業が独り占めしてしまうと、大多数の国民の生活や中小企業の経営はむしろ悪くなってしまいます。

　独り占めした少数の人々や大企業は景気が良くなり、繁栄する一方で、多くの国民の生活は苦しくなり、中小企業の経営も悪くなります。社会のなかで貧困と格差がひろがり、不平等な社会になって対立がはげしくなり、不安定で将来が見通せなくなります。

　そんな国では、将来不安から、安心して生活や企業経営ができなくなり、やがて深刻な不況におちいってしまいます。そうなると、すでに発展した国の大企業は利益を求めて海外に活動拠点を移すようになり、はたらける場所も少なくなり、国内経済はますますおとろえていきます。

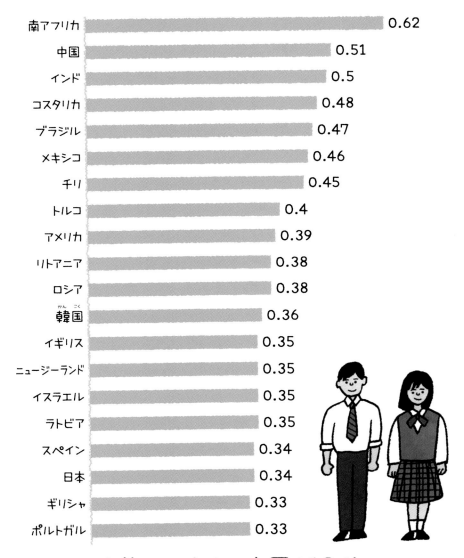

南アフリカ	0.62
中国	0.51
インド	0.5
コスタリカ	0.48
ブラジル	0.47
メキシコ	0.46
チリ	0.45
トルコ	0.4
アメリカ	0.39
リトアニア	0.38
ロシア	0.38
韓国	0.36
イギリス	0.35
ニュージーランド	0.35
イスラエル	0.35
ラトビア	0.35
スペイン	0.34
日本	0.34
ギリシャ	0.33
ポルトガル	0.33

格差の大きさ、中国が２位、
アメリカは９位、日本は 17位

5
実際の経済を上まわって
ふくれる金融商品

　資本主義経済の目的は、できるだけたくさんの利益を効率よく追求することです。利益は、衣食住など、みんなに役立つ物やサービスを生産し、販売することで得られます。この利益のほとんどは、もっとたくさんの物やサービスを生産するための設備や工場、オフィスをつくるために投資されます。

　でも、すでに経済が発展した国では、利益の一部は、個人や企業にたくさんのお金としてためこまれます。このためこまれたお金は、金融機関（銀行、証券会社、保険会社など）が販売するいろいろな金融商品に投資されます。経済が発展した国では、預貯金、株式、債券などの金融商品に投資されたお金の規模が、物やサービスの生産高（GDP）を5〜6倍も上まわっています。

　物やサービスのような商品とちがい、金融商品はお金を請求する権利にすぎません。しかも、ねだんは大きく上がったり、下がったりします。こんな不安定な金融商品が増えると、物やサービスの生産や販売といった実体経済も影響を受け、不安定になります。金融商品のバブルのはれつは、経済を大混乱させてきました。

株式
よちょきん
預貯金
さいけん
債券

GDP

実際の経済

きん ゆう しょう ひん   あわ
金融商品のバブル（泡）は
ジーディーピー
GDPの何倍にもふくれあがる

6 人工知能（AI）、ロボット、デジタル経済と私たちの社会

　わたしたちは、なにかと便利な道具になったコンピュータやスマートフォンの画面をみて、商品をさがし、買い物をし、お金を払ったりしています。インターネットを使い、デジタル化された物やサービス、情報、お金などが個人や企業でやりとりされる経済＝デジタル経済が広がっています。

　企業は、デジタル経済を利用して、国境をこえたビジネスを効率化させ、より速くより多くの利益を求めて活動しています。世界中の個人や企業のやりとりは記録され、その記録をもとに新しい商品や取引が開発され、デジタル経済はさらに広がっていきます。

　便利になりましたが、知られたくない個人的な情報が外部にもれ、プライバシーが侵害される事件も起きています。人工知能（AI）やロボットが仕事をうばい、わたしたちのはたらき方やはたらく場所を変えようとしています。

　でも、人工知能やロボットは、使い方によっては、わたしたちの単調な仕事や危険な仕事を引き受けてくれる強い味方にもなります。デジタル経済とわたしたちの仕事やくらしを両立させる新しい経済のしくみが求められています。

ロボットやＡＩは使い方しだい

企業の4社に1社は、海外で生産をしている

　現代の経済は、地球的規模で営まれ、一国の経済もほかの国の経済と広く深く結びつき、お互いに影響を与えるようになりました。生産は地球的規模で鎖のようにつながっていて（サプライチェーン）、どこか1カ所でも不具合が発生すると、生産全体が停止してしまいます。

　日本から海外へ出て行った企業（2018年3月末）は、2万5034社にのぼり、海外で雇う労働者の人数も、595万人におよんでいます。物をつくる企業の4社に1社は、海外で人を雇って、海外で生産しています。

　大企業を中心にこれだけたくさんの企業が海外へ出て行くと、日本の国内の経済とはたらく場所はそれだけ衰退します。利益の多くを海外から得るようになった企業は、日本経済や国民生活が悪くなっても、自分の会社の経営にはあまり影響しません。海外で得た利益をまた海外に投資する多国籍企業になった大企業と、本国の国民との利害が対立するようになりました。他方、企業の進出した国では、新しい工場やオフィスがつくられ、たくさんの従業員が雇われ、その国の経済は成長します。

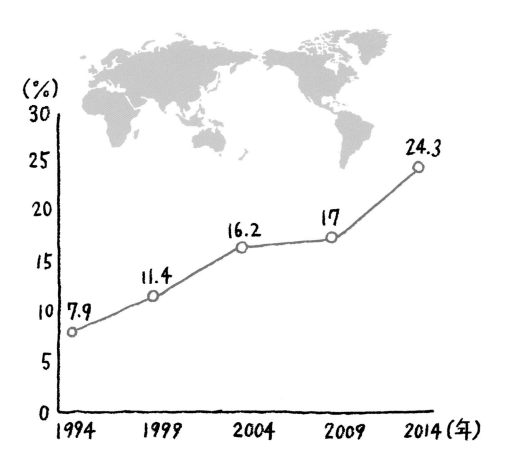

（%）

増えつづける海外での生産割合

（財務省「法人企業調査」、経産省「海外事業活動基本調査」より国土交通省が作成）

8 国と国がひとつになる
—EUとASEAN

　経済のグローバル（地球規模）化がすすむと、いろいろな言葉や文化を持った人たちが、いっしょにはたらき、くらす多文化社会が広がっていき、国と国も経済や政治でひとつのまとまった体制をつくるようになってきます。

　ヨーロッパでは、1993年にドイツ、フランス、イタリア、オランダなど6カ国が欧州連合（略称 EU：European Union）を結成しました。その後、28カ国にふえた加盟国は、ひとつの中央銀行を設立し、やがて自国の通貨を廃止し、共通通貨のユーロ（Euro）を使うまで経済の統合がすすんでいます。

　東アジアでも、地域の安定と発展を願って1967年に設立された東南アジア諸国連合（略称 ASEAN：Association of South‐East Asian Nations）は、インドネシア、カンボジア、タイ、フィリピン、ベトナムなど10カ国が経済、政治、外交面で協力し、発展してきました。

　EUや ASEANに加盟している国々は、たがいに長期間対立してきた歴史がありますが、このようなひとつの体制をつくることで戦争や領土問題といった深刻な対立はなくなり、共存共栄の時代を築いています。

EUは28ヵ国、
ASEANは10ヵ国が
ひとつの体制をつくっている

貿易収支の赤字、
黒字ってなんのこと？

　国と国との間で行われる物の取引のことを貿易といいます。豊かなくらしを営むためには、自分の国にない物をお金を払って外国から輸入します。逆に、外国の人がほしがる物を生産して輸出し、お金を受け取ります。日本は、鉄鉱石などの原材料・資源を輸入して、それを加工して機械や家電や自動車などを生産し、外国に輸出してきました。

　貿易収支とは、物を外国に輸出することで外国から入ってくるお金＝収入と、物を輸入することで自分の国から出ていくお金＝支出との差額です。貿易収支が赤字の国は、輸入で支出するお金のほうが、輸出で収入となるお金よりも大きい国（アメリカなど）です。貿易収支が黒字の国は、輸出でかせぐ収入が、輸入で支出するお金よりも大きい国（中国など）です。

　日本の貿易収支は長いあいだ大幅な黒字でしたが、2011年ころから赤字になりました。それは、貿易黒字を生み出す大企業が、安くはたらく労働者と販売拠点をもとめて、国内の工場やオフィスを閉鎖し、外国に出て行って、外国で生産し、外国で販売するようになったからです。国内では、企業やはたらく場所が減っています。

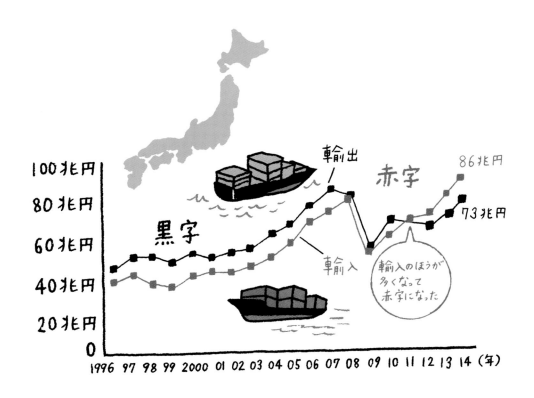

輸出と輸入の差額が貿易収支
（＋は黒字、－は赤字）

10 日本の主な貿易相手国は、アメリカから中国・アジアへ

　日本は、原材料・資源・燃料などを輸入し、国内の高い技術で加工し、安くて品質のよい工業製品を海外に輸出する加工貿易を営んできました。貿易相手国は日本のたいせつなお客さんです。

　戦後、日本の自動車や家電などを大量に輸入する国はアメリカで、日本にとって最大の貿易相手国でした。ただ、アメリカの自動車メーカーと政府は、日本の自動車がアメリカで売れると、アメリカ製の自動車が売れなくなるので、日本車の輸入を制限するようになり、争いごと（日米貿易摩擦）がおこりました。

　その後、2007年ごろから、日本の最大の貿易相手国は、アメリカから中国にかわりました。中国は、高い経済成長をつづけ、国内経済の規模を世界第2位にまで大きくしました。いまや中国は、「世界の工業」となり、また「世界の市場」になりました。

　中国だけはありません。韓国、台湾、タイ、ベトナム、香港、インドネシア、インドなどをふくむアジア各国は、日本の貿易の5割以上を占める最大の経済圏になりました。

20

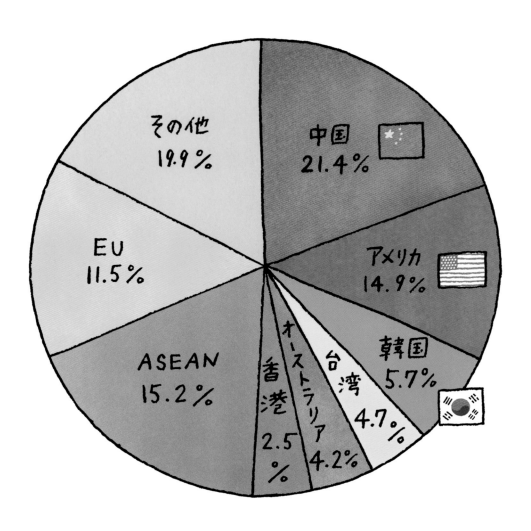

日本の貿易相手は中国がトップ、
そしてアメリカ、韓国の順。

（2018年）

世界経済は、
アジアの時代へ

　世界の経済地図が大きくぬり変わる時代がやってきました。18世紀半ば以降、産業革命によって経済を成長させ、世界経済を担ってきたのはヨーロッパ経済であり、戦後になるとアメリカ経済でした。でも、最近では、中国・日本・インド・韓国などのアジアの経済が、世界の経済のなかで最大の経済圏に成長しました（右の図）。

　世界の191カ国の経済の大きさ（GDP）を合計すると、2018年現在、84.6兆ドル（約9300兆円）です。そのなかで、アジア経済圏は、世界の経済の32.4%を占める最大の経済圏になり、ヨーロッパの経済圏（26.2%）やアメリカの経済圏（26.2%）を上まわりました。

　各国のGDPのランキング（7ページ参照）でも、1位はアメリカですが、2位中国、3位日本、7位インド、12位韓国、とアジアの国々が上位に名前をつらねています。ヨーロッパやアメリカの大学や研究機関は、2020年代の前半には中国がアメリカをぬいて世界最大の経済大国になる、と予測しています。こうした国々や人々と平和的に共存共栄することが、アジアの一員である日本の未来につながります。

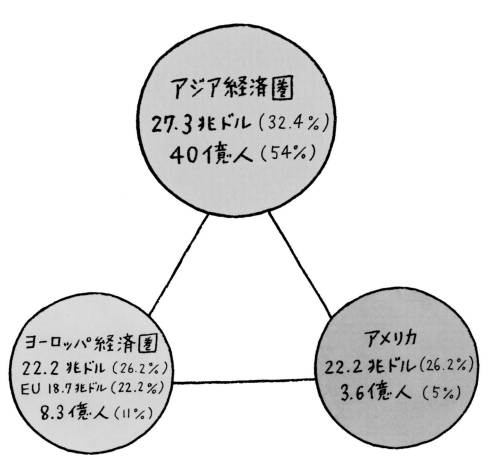

アジア経済圏
27.3兆ドル（32.4％）
40億人（54％）

ヨーロッパ経済圏
22.2兆ドル（26.2％）
EU 18.7兆ドル（22.2％）
8.3億人（11％）

アメリカ
22.2兆ドル（26.2％）
3.6億人（5％）

いまや、経済も人口も
アジアがいちばん

(2018年の名目 GDP、IMF-World Economic Outoolook Databasesより作図)

12 経済のしくみに入りこむ戦争ビジネス

　だれもが戦争をなくしてほしいと願っているのに、世界のどこかで戦争がおきています。それは、戦争がおこれば兵器を製造する産業に大きな利益が生まれるしくみ（＝軍隊と産業が互いの利益で結びついた「軍産複合体」）が動いているからです。現代の戦争は、かつての部族間の抗争や宗教戦争などとちがい、領土、資源、市場、企業利益などの経済的な利益を目的にして行われています。

　兵器を製造・販売し、戦争によって巨額の利益を得る企業は、その国を代表する巨大企業です。ストックホルム国際平和研究所（SIPRI）によれば、世界の軍事企業のトップ100社の売上高（2017年）は、3982億ドル（約44兆円）で、そのうち42社はアメリカの企業でした。

　なかでも世界最大の軍事企業であるアメリカのロッキード・マーチン社は、日本をふくむ世界各国にF-35戦闘機などの兵器を449億ドル（約5兆円）も販売し、大もうけしています。各国の国防予算・防衛予算は、戦争ビジネスのためにアメリカなどの世界の軍事企業から兵器を購入するお金として使われています。

1位 **404**億ドル
ロッキード・マーチン（アメリカ）

2位 **320**億ドル
ボーイング（アメリカ）

3位 **280**億ドル
BAEシステムズ（イギリス）

4位 **220**億ドル
レイセオン（アメリカ）

5位 **195**億ドル
ノースロップ・グラマン（アメリカ）

6位 **188**億ドル
ジェネラル・ダイナミクス（アメリカ）

7位 **165**億ドル
エアバス・グループ（オランダ）

8位 **118**億ドル
ユナイティッド・テクノロジーズ（アメリカ）

9位 **109**億ドル
タレス・グループ（フランス）

10位 **108**億ドル
フィンメッカニカ（イタリア）

26位 **33**億ドル
三菱重工業（日本）

59位 **11**億ドル
三菱電機（日本）

66位 **10**億ドル
川崎重工業（日本）

73位 **8**億ドル
NEC（日本）

96位 **5**億ドル
IHI（日本）

軍事企業のトップ10の
半分以上はアメリカの企業

13 わたしたちは、お金（税金）を出し合って社会を運営している

　わたしたち国民一人一人は、社会のあり方を決定する権限を持つ者＝主権者です。戦後の日本国憲法は、戦争をくり返した戦前の旧憲法の「天皇主権」を廃止し、「主権が国民に存することを宣言し」（前文）、象徴としての「天皇の地位」と「国民主権」（第1条）について定めています。

　主権者として社会のあり方を決め、社会を運営していくにはお金がかかります。税金とは、わたしたち国民が自分たちの社会を運営していくために出しあっているお金のことです。

　「健康で文化的な生活をする」（憲法第25条）ための社会保障や福祉の充実、充分な教育を受けるための教育機関の整備、自然災害をふせぐための対策など、社会を運営するのに必要なお金は、わたしたちが出し合っている税金でまかなわれています。

　代表的な税金は、だれもが買い物をするときに支払っている消費税、給料その他の収入にかかる所得税、企業が事業でかせいだ利益にかかる法人税などです。主権者である私たちには、税金のむだ使いがないよう、厳しくチェックする権利と義務があります。

国民や企業

わたしたちが納(おさ)めた税金
など

国の収入(しゅうにゅう)

公共施設(こうきょうしせつ)・公的(こうてき)サービス

国の支出(ししゅつ)

話し合いで決定

予算案(よさんあん)を提出

国会

国会議員

内閣(ないかく)

私たちが国会議員を
選挙(せんきょ)でえらぶ

税金を払(はら)っている主権者(しゅけんしゃ)が国会議員(こっかいぎいん)を選んで、
その議員が国会で税金の使い道を決めている。

国の予算は100兆円、使い道を決めるのは国民です

　家計や企業とならぶ経済の歯車である政府の経済活動は、国民生活や日本経済のあり方に大きな影響を与えています。

　政府の1年間の収入（歳入）と支出（歳出）についての計画＝予算は、約100兆円（2019年度）です。政府は、100兆円のお金をつかって国民の福祉、道路やダムづくり、教育、借金の返済、景気対策などの経済活動＝財政を営んでいます。このような政府の経済活動は、日本の経済の大きさ（GDP）約500兆円の2割を占めています。

　わたしたちは、政府に社会の運営を任せ、そのためのお金を税金として払います。政府が、個人や企業に重い税金をかけると、生活は苦しくなり、企業経営も悪くなります。政府が、国民の福祉にたくさんのお金を使えば、病気になっても、仕事を失っても、安心してくらすことができます。景気が悪くなったとき、公共施設をつくれば、公共事業に関連している企業から物を買ってあげることができ、景気を回復する方向へと向かわせることができます。

　予算をどこからどれだけとり、どこにどれだけ使うのかを決めるのは、主権者であるわたしたち国民です。

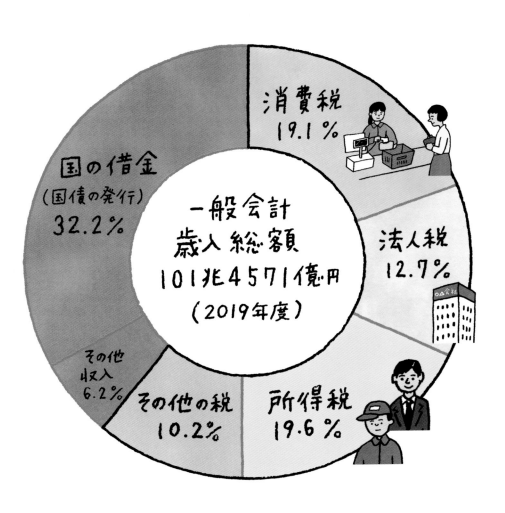

消費税
19.1%

法人税
12.7%

所得税
19.6%

その他の税
10.2%

その他
収入
6.2%

国の借金
（国債の発行）
32.2%

一般会計
歳入総額
101兆4571億円
（2019年度）

国の収入の6割が税金、
3割が借金

税金が何に使われているか、
知っていますか？

　社会を運営するためにわたしたちが出し合った税金は、どんなふうに使われているのでしょうか？

　右の図は、2019年の政府の予算（使い道）です。政府の一般会計では、101兆円の予算が組まれました。この101兆円の予算の使い道は、多い順に、①医療・介護・年金など社会保障関係費に約34兆円（34％）、②国の借金の支払いである国債費に約24兆円（23％）、③税金を地方にまわす地方交付税交付金に約16兆円（16％）、④道路・港湾・ダムなどの公共事業に約7兆円（7％）、⑤文教・科学振興費に約6兆円（6％）、⑥防衛費に約5兆円（5％）、です。

　その国の予算の配分状況は、その国の社会のあり方を映し出す鏡です。予算配分で最大を占める社会保障関係費は、3人に1人が65歳以上という日本の超高齢社会を映し出しています。国の借金の支払いのために予算の23％も使われてしまう「財政赤字大国」であることも映されています。公共事業予算は第3位ですが、これはほかの国々のほぼ2倍にあたり、企業の景気対策や企業利益を重視した財政運営がおこなわれていることを映し出しています。

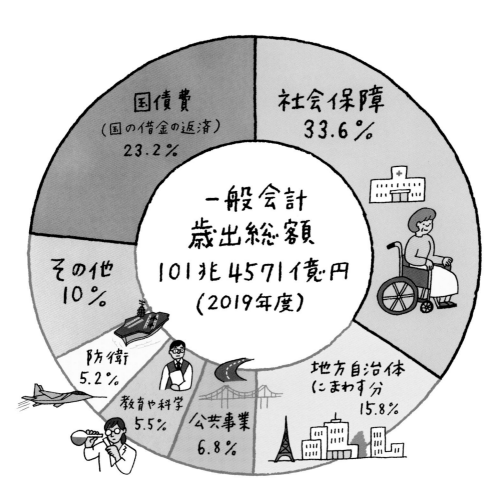

国債費
(国の借金の返済)
23.2％

社会保障
33.6％

一般会計
歳出総額
101兆4571億円
(2019年度)

その他
10％

防衛
5.2％

教育や科学
5.5％

公共事業
6.8％

地方自治体
にまわす分
15.8％

国家予算の３分の１は社会保障、
４分の１は借金の返済

16

日本は、
世界一の「財政赤字大国」

　国の借金の代表的なものは、政府が発行する「国債（国庫債券）」という借金です。国債とは、これを買うことでお金を貸してくれた投資家に、政府が責任を持って元本（買ったときの代金）と利子を支払うという国の借金証書のことです。国の収入の３割は国債発行＝借金にたよっています。

　日本の借金の総額（国債発行残高）は約1000兆円（2019年度）で、自国のGDPの２倍に達しており、右の図のように世界の主要な国では例がないほどたくさんの借金をかかえています。こんなにも国債が発行できたのは、銀行などの金融機関が買った国債を日本銀行が買い入れてきたからです。現在、国債の半分ほどは日本銀行が買い集めています。

　日本銀行は、国内外の銀行や証券会社などから国債を高いねだんで買い入れてきたので、金融機関にはそれだけもうけ（国債売却益）が生まれます。金融機関はこうして政府から国債を買っては、それを日本銀行に高く売ってもうけることをくり返してきました。その結果、国債がたくさん発行され、国の借金が増えつづけ、世界一の「財政赤字大国」になってしまったのです。

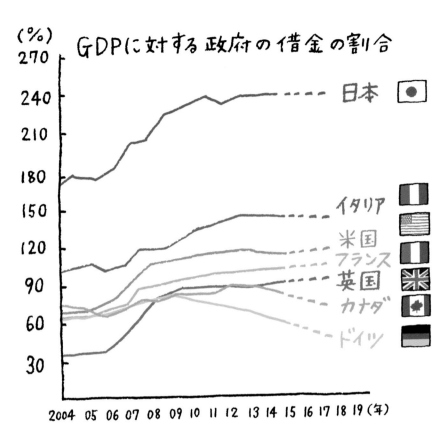

(%)

GDPに対する政府の借金の割合

270
240 ----- 日本 ⊙
210
180
150 ----- イタリア
120 米国
      フランス
90 英国
60 カナダ
         ドイツ
30

2004 05 06 07 08 09 10 11 12 13 14 15 16 17 18 19（年）

借金がＧＤＰの２倍以上、

こんな国ほかにない。

日本銀行は、
政府の金庫ではありません

　そもそも日本銀行（中央銀行）と政府とはまったく別の機関です。日本銀行が責任をもつのは金融政策であり、その最大の目的は「物価の安定」です。これに対して、景気対策などの経済政策や予算などの財政政策はすべて政府の責任となります。国の運営で大切なことは、中央銀行が政府や経済界からどれだけ独立できているか、です。

　というのも、政府の政策や景気対策に中央銀行が利用されて、経済社会が大きな被害をうけた歴史があるからです。とくに、戦時中、政府が中央銀行を金庫代わりに利用して、兵器などの軍需物資を買うための財政資金を中央銀行から出してもらいました。政府が発行した国債（借金証書）を日本銀行に直接買ってもらったのです（日銀による国債の直接引き受け）。すると終戦後に、爆発的な物価高（ハイパーインフレーション）が発生し、国民生活が破壊されました。

　平和な時代でも、政府が中央銀行から借りてきたお金で大規模な景気対策をすすめると、インフレーション（1巻34p）が発生し、株価や不動産価格が高くなるバブル経済（2巻16p）がおこり、生活や経済が混乱しました。

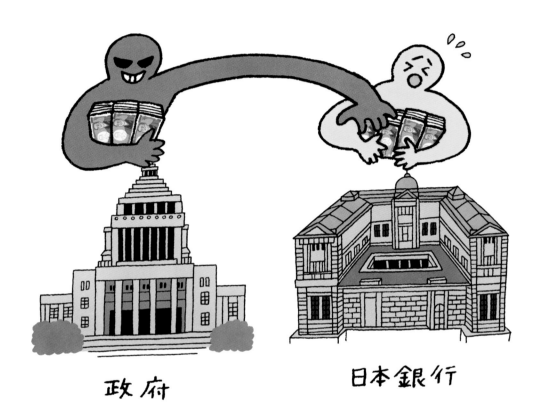

政府　　　　　　　　　　日本銀行

中央銀行は政府の言いなりに
なってはいけない

国の借金は、
どうやって返すの？

　わたしたちの家庭では、住宅ローンなどの借金は、はたらいて得た給料でコツコツと返していきます。国の借金は、最終的には税金で返すことになりますが、これまでの世界各国の歴史では、いろいろな返し方がされてきました。

　国の借金を返すために税金を重くする、社会保障関係費などの支出をへらす、経済成長によって税金を増やす、インフレーション（１巻34p）をおこして借金の負担を軽くする、戦争によって外国からお金をうばう、政府が破産を宣言して借金を返さない（＝「デフォルト」・債務不履行）、などいろいろな方法を組み合わせて、各国の政府は借金を返してきました。

　なかでも、インフレーションで借金の負担をおさえるやり方がよく利用されてきました。終戦直後の日本の借金は、現在とほぼ同じでGDPの２倍ありましたが、物価が約300倍になるハイパーインフレーションを起こして、借金の負担を300分の１に軽くするやり方が利用されました。

　でも、物価が300倍になったことで、国民の生活は破壊されました。国民生活にあまり影響を与えないで、大企業や富裕層に政府の借金を返してもらうやり方もあります。

物価が３００倍になる
ハイパーインフレでは、
１００円のパンが
３万円になる。

「経済のしくみ」のつぎは、
「経済の主人公」のはなしです

　これまで、経済について、いろいろなことを話してきました。いつも使っているお金のこと、近所で見かける銀行や金融機関のこと、そして父母や保護者が勤める会社のこと、会社ではたらいて給料をもらい、家族の生活に必要なお金を得ていること、税金を出し合って社会を運営していること、日本や世界の経済のしくみやあり方のこと、などなどです。

　でも、これで終わりではありません。経済について学んだ最後に行き着くのは、「経済の主人公はあなた」であり、あなたたちは、この国をどんな経済や社会の国にするのか、それを決める「主権者」なのだ、ということです。そのうえ、現代では、自分の国のことだけでなく、人類が生存し続けるためには、地球環境問題にも目を向けなくてはならない時代になりました。

　そこで最後の第5巻では、「経済の主人公」のことを話しましょう。

フ〜アツ〜

地球環境のことをぬきにした
経済成長はありえない

文　山田博文（やまだ・ひろふみ）

群馬大学名誉教授、商学博士。主な著書『これならわかる金融経済』『99%のための経済学入門』『国債がわかる本』（大月書店）、『サスティナブル社会とアメニティ』（共著・日本経済評論社）、ほか多数。
Mail : yamachan@gunma-u.ac.jp
Home : http://econ-yamada.edu.gunma-u.ac.jp/

絵　赤池佳江子（あかいけ・かえこ）

石川県金沢市生まれ。金沢美術工芸大学卒業。絵本に『そだててあそぼう ビワの絵本』、『イチからつくる あめの絵本』（農文協）がある。
www.akaikekaeko.com

くらす、はたらく、
経済のはなし
④ 経済のしくみと政府の財政

2020年1月15日　第1刷発行

文　　山田博文
絵　　赤池佳江子
発行者　中川　進
発行所　株式会社 大月書店
　　　　〒113-0033 東京都文京区本郷 2-27-16
　　　　電話（代表）03-3813-4651　FAX 03-3813-4656
　　　　振替 00130-7-16387
　　　　http://www.otsukishoten.co.jp/

デザイン　なかねひかり
印刷　光陽メディア
製本　ブロケード

くらす、はたらく、経済のはなし

文・山田博文　絵・赤池佳江子

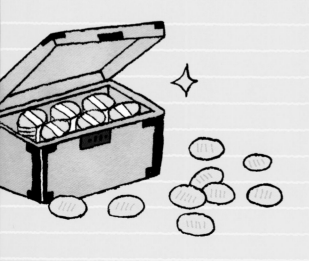